Emma's Fashion Adventures: French-English

Coledown Bilingual Books

Published by Coledown Bilingual Books, 2023.

EMMA'S FASHION ADVENTURES: FRENCH-ENGLISH

First edition. November 20, 2023.

ISBN: 979-8223907138

Written by Coledown Bilingual Books.

Table of Contents

Le Carnet Étincelant 1

The Sparkly Sketchbook 5

La Passerelle Arc-en-ciel 7

The Rainbow Runway 11

Rose et Fière 15

Pink and Proud 19

Le Mystère de la Boutique Bruxelloise 23

The Brussels Boutique Mystery 27

La Gala Scintillante 31

The Glittery Gala 35

Le Dilemme du Déguisement 39

The Dress-Up Dilemma 43

La Mission Sauvetage Mode 47

Fashion Rescue Mission 51

Les Jeux de la Mode d'Emma 55

Emma's Fashion Olympics 59

Le Carnet Étincelant

Il était une fois, dans la belle ville de Bruxelles, une jeune fille créative et passionnée de mode appelée Emma. Emma était une petite fashionista avec des cheveux roses étincelants et des vêtements aux couleurs de l'arc-en-ciel. Un jour, alors qu'elle explorait un vieux magasin de fournitures artistiques, elle découvrit un trésor caché : un carnet de croquis magique.

Ce carnet était différent de tous les autres. Il avait une lueur étincelante et des pages qui semblaient prêtes à s'animer. Intriguée, Emma prit le carnet et décida de l'emmener chez elle pour le tester. Assise sur son lit, elle ouvrit le carnet et commença à dessiner une magnifique robe rose chatoyante.

À sa grande surprise, la robe qu'elle venait de dessiner sortit du carnet et se matérialisa devant elle. Les yeux d'Emma s'ouvrirent grand, émerveillés par la magie qui venait de se produire. Pleine d'excitation, elle se mit à dessiner d'autres tenues, chacune plus éblouissante que la précédente.

Les créations d'Emma prenaient vie sous ses yeux, dansant et virevoltant autour d'elle. Elle réalisa rapidement qu'elle avait le pouvoir de donner vie à ses idées les plus folles grâce à ce carnet magique. Animée par la joie, Emma décida d'organiser un défilé de mode dans son jardin.

Elle dessina des tenues extravagantes, des costumes féeriques et des accessoires scintillants. À chaque trait de crayon, une nouvelle création prenait vie, ajoutant une touche de magie à son défilé. Bientôt, son jardin se transforma en un spectacle éblouissant, rempli de couleurs éclatantes et de tenues étonnantes.

Les amis d'Emma furent invités à participer au défilé magique. Chacun d'eux reçut une création spéciale, dessinée avec amour par Emma. Les enfants tournoyaient dans le jardin, vêtus des créations scintillantes d'Emma, créant un spectacle unique et extraordinaire.

Pendant le défilé, une pluie d'étoiles étincelantes tomba du ciel, ajoutant une touche encore plus magique à l'événement. Les parents des enfants se joignirent à eux, émerveillés par la créativité et le talent d'Emma. Le défilé de mode devint un moment inoubliable pour tous.

Le carnet étincelant devint vite le secret le mieux gardé d'Emma. Elle continua à créer des tenues magiques, et ses amis en profitèrent également. Chaque jour, de nouvelles aventures étaient vécues grâce aux créations éblouissantes du carnet magique.

Emma réalisa que la vraie magie résidait dans le partage de sa créativité avec ceux qui l'entouraient. Elle organisa des ateliers de dessin et de mode, enseignant à ses amis comment libérer leur imagination et créer quelque chose de magique. Le carnet étincelant devint le centre d'innombrables aventures artistiques.

Et ainsi, dans la belle ville de Bruxelles, l'histoire d'Emma et de son carnet étincelant se propagea, inspirant d'autres enfants à explorer leur créativité et à laisser briller la magie qui sommeille en eux. Car, comme le disait Emma, la mode et la magie se trouvent dans le cœur de chacun, attendant simplement d'être révélées.

The Sparkly Sketchbook

———

Once upon a time, in the beautiful city of Brussels, there was a creative and fashion-loving young girl named Emma. Emma was a little fashionista with sparkling pink hair and clothes in rainbow colors. One day, while exploring an old art supplies store, she discovered a hidden treasure: a magical sketchbook.

This sketchbook was unlike any other. It had a sparkling glow and pages that seemed ready to come to life. Intrigued, Emma took the sketchbook and decided to take it home to test it out. Sitting on her bed, she opened the sketchbook and began to draw a magnificent shimmering pink dress.

To her great surprise, the dress she had just drawn came out of the sketchbook and materialized in front of her. Emma's eyes widened, marveling at the magic that had just occurred. Filled with excitement, she began to draw other outfits, each more dazzling than the last.

Emma's creations came to life before her eyes, dancing and twirling around her. She quickly realized that she had the power to bring her wildest ideas to life through this magical sketchbook. Fueled by joy, Emma decided to organize a fashion show in her backyard.

She drew extravagant outfits, fairy-tale costumes, and sparkling accessories. With each stroke of the pencil, a new creation came to life, adding a touch of magic to her fashion show. Soon, her garden transformed into a dazzling spectacle, filled with vibrant colors and stunning outfits.

Emma's friends were invited to join the magical fashion show. Each of them received a special creation, lovingly drawn by Emma. The children twirled in the garden, dressed in Emma's sparkling creations, creating a unique and extraordinary show.

During the fashion show, a shower of sparkling stars fell from the sky, adding an even more magical touch to the event. The parents of the children joined them, amazed by Emma's creativity and talent. The fashion show became an unforgettable moment for everyone.

The sparkly sketchbook quickly became Emma's best-kept secret. She continued to create magical outfits, and her friends enjoyed them as well. Every day, new adventures were experienced thanks to the dazzling creations of the magical sketchbook.

Emma realized that the true magic lay in sharing her creativity with those around her. She organized drawing and fashion workshops, teaching her friends how to unleash their imagination and create something magical. The sparkly sketchbook became the center of countless artistic adventures.

And so, in the beautiful city of Brussels, the story of Emma and her sparkly sketchbook spread, inspiring other children to explore their creativity and let the magic within them shine. For, as Emma said, fashion and magic reside in everyone's heart, simply waiting to be revealed.

La Passerelle Arc-en-ciel

Il était une fois à Bruxelles, une jeune fille pleine de vie et de créativité, prénommée Emma. Emma adorait la mode, avec ses cheveux étincelants rose vif et ses vêtements aux couleurs de l'arc-en-ciel. Un jour, Emma eut une idée lumineuse : organiser un défilé de mode à l'école pour partager sa passion avec ses amis.

Emma se mit au travail, planifiant chaque détail du défilé. Elle rêvait d'une passerelle éblouissante, aux couleurs vives et joyeuses comme un arc-en-ciel. Cependant, elle se heurta à un défi de taille : le code vestimentaire strict de l'école ne permettait pas les tenues trop fantaisistes.

Déterminée à trouver une solution créative, Emma se mit à réfléchir. Elle ne voulait pas renoncer à sa vision colorée, mais elle souhaitait également respecter les règles de l'école. Alors, elle eut une idée brillante : pourquoi ne pas transformer la contrainte en opportunité ?

Emma décida de créer une passerelle arc-en-ciel unique en son genre. Elle conçut des vêtements qui respectaient le code vestimentaire tout en étant pleins de créativité et de couleur. Chaque tenue était une œuvre d'art, un mélange habile de tons vifs qui respectait les règles tout en permettant à chacun de s'exprimer.

Le jour du défilé arriva, et l'excitation était palpable dans l'air. Emma présenta sa passerelle arc-en-ciel aux enseignants et aux élèves, espérant que sa vision colorée serait bien reçue. Cependant, à son grand étonnement, certains élèves et enseignants semblaient sceptiques.

La directrice de l'école s'approcha d'Emma, exprimant ses inquiétudes quant à la conformité du défilé avec le code vestimentaire de l'école. Emma, ne se laissant pas décourager, expliqua avec passion sa démarche créative. Elle souligna comment chaque tenue respectait les règles tout en permettant à chacun de montrer sa personnalité.

Devant l'enthousiasme d'Emma et la créativité évidente de ses créations, la directrice accepta à contrecœur de laisser le défilé se dérouler selon la vision d'Emma. Cependant, elle précisa que cela devait rester une exception pour cette occasion spéciale.

Le défilé commença, et la passerelle arc-en-ciel devint le centre de l'attention. Les vêtements colorés et créatifs d'Emma rayonnaient, captivant l'auditoire. Les autres élèves commencèrent à applaudir, reconnaissant l'ingéniosité d'Emma pour surmonter les obstacles.

Finalement, ce qui aurait pu être un simple défilé de mode devint un événement unificateur. Les élèves réalisèrent que la créativité d'Emma n'était pas seulement pour elle-même, mais était une invitation à célébrer la diversité et l'expression individuelle.

À la fin du défilé, la directrice, impressionnée par la manière dont Emma avait trouvé une solution créative, annonça que la passerelle arc-en-ciel serait une tradition annuelle à l'école. Chaque année, les élèves pourraient participer en respectant les règles, mais en laissant libre cours à leur créativité.

Emma avait réussi à transformer un défi en une opportunité de célébrer la diversité et l'expression personnelle. Son défilé arc-en-ciel était devenu bien plus qu'une simple présentation de mode – c'était un symbole de la façon dont la créativité peut rassembler les gens et éclairer le monde d'une palette de couleurs éclatantes. Et ainsi, l'école continua à célébrer la Passerelle Arc-en-ciel, unissant la communauté autour de la beauté de la diversité.

The Rainbow Runway

Once upon a time in Brussels, there was a lively and creative young girl named Emma. Emma loved fashion, with her bright pink sparkling hair and clothes in rainbow colors. One day, Emma had a brilliant idea: to organize a fashion show at school to share her passion with her friends.

Emma got to work, planning every detail of the fashion show. She dreamed of a dazzling runway, with vibrant and joyful colors like a rainbow. However, she faced a significant challenge: the school's strict dress code did not allow for overly fanciful outfits.

Determined to find a creative solution, Emma put on her thinking cap. She didn't want to give up on her colorful vision, but she also wanted to adhere to the school rules. So, she had a brilliant idea: why not turn the constraint into an opportunity?

Emma decided to create a one-of-a-kind rainbow runway. She designed clothes that followed the dress code while being full of creativity and color. Each outfit was a work of art, a skillful blend of bright tones that followed the rules while allowing everyone to express themselves.

The day of the fashion show arrived, and excitement filled the air. Emma presented her rainbow runway to the teachers and students, hoping that her colorful vision would be well-received. However, to her surprise, some students and teachers seemed skeptical.

The school principal approached Emma, expressing concerns about the compliance of the fashion show with the school's dress code. Undeterred, Emma passionately explained her creative approach. She emphasized how each outfit followed the rules while allowing everyone to showcase their personality.

Faced with Emma's enthusiasm and the evident creativity of her creations, the principal reluctantly agreed to let the fashion show proceed according to Emma's vision. However, she specified that this should remain an exception for this special occasion.

The fashion show began, and the rainbow runway became the center of attention. Emma's colorful and creative clothes radiated, captivating the audience. Other students started applauding, recognizing Emma's ingenuity in overcoming obstacles.

Ultimately, what could have been a simple fashion show became a unifying event. Students realized that Emma's creativity was not just for herself but an invitation to celebrate diversity and individual expression.

At the end of the fashion show, the principal, impressed by how Emma had found a creative solution, announced that the rainbow runway would become an annual tradition at the school. Every year, students could participate while following the rules but letting their creativity shine.

Emma had successfully turned a challenge into an opportunity to celebrate diversity and personal expression. Her rainbow runway had become more than just a fashion presentation—it was a symbol of how creativity can bring people together and illuminate the world with a palette of vibrant colors. And so, the school continued to celebrate the Rainbow Runway, uniting the community around the beauty of diversity.

Rose et Fière

Il était une fois, à Bruxelles, une petite fashionista pleine de vie du nom d'Emma. Ses cheveux roses étincelants et ses vêtements aux couleurs de l'arc-en-ciel faisaient d'elle une jeune fille au style unique et éclatant. Emma adorait exprimer sa personnalité à travers la mode, mais un jour, elle rencontra une amie qui se sentait timide à l'idée de le faire.

Cette amie, prénommée Clara, aimait les vêtements colorés, mais elle hésitait à montrer son vrai style par peur du regard des autres. Emma, pleine de compréhension et d'empathie, remarqua la réticence de Clara à exprimer sa personnalité à travers la mode. Elle décida alors de faire quelque chose de spécial pour aider son amie à briller de tout son éclat.

Un après-midi ensoleillé, Emma invita Clara à son chez-soi. Emma expliqua à Clara qu'elles allaient créer une tenue qui refléterait vraiment sa personnalité, quelque chose qui la ferait se sentir fière d'elle-même. Clara, bien que timide au début, se laissa emporter par l'enthousiasme contagieux d'Emma.

Les deux amies se mirent à la recherche de tissus étincelants et de couleurs vives. Emma voulait que la tenue soit aussi unique que Clara, reflétant sa personnalité pétillante. Elles feuilletèrent des magazines de mode, découpant des images qui inspireraient leur création. L'atelier de couture improvisé d'Emma était prêt à accueillir leur créativité.

La première étape consistait à dessiner le design de la tenue. Emma tendit à Clara un carnet de croquis rose pâle et des crayons étincelants. Ensemble, elles laissèrent libre cours à leur imagination, esquissant des idées qui captureraient l'énergie joyeuse et la personnalité unique de Clara.

Une fois le design finalisé, Emma et Clara commencèrent à découper les tissus et à assembler les pièces de la tenue. Emma partageait ses connaissances en couture avec Clara, lui apprenant les petits secrets pour que la tenue soit aussi parfaite que possible. Clara se prit au jeu et découvrit qu'elle aimait vraiment créer quelque chose de beau de ses propres mains.

Au fil des jours, la tenue prenait forme, et l'excitation grandissait chez les deux amies. Emma ajoutait des touches de rose étincelant ici et là, s'assurant que chaque détail reflétait la personnalité vibrante de Clara. Les rires et les discussions animées emplissaient l'atelier, créant un espace où l'expression de soi était encouragée et célébrée.

Le jour où la tenue fut enfin terminée, Clara ne pouvait contenir sa joie. Elle se tenait devant le miroir, émerveillée par la création qu'elle et Emma avaient réalisée ensemble. La tenue était une explosion de couleurs et de paillettes, véritable reflet de la personnalité éclatante de Clara.

Clara réalisa qu'exprimer sa personnalité à travers la mode n'était pas quelque chose à craindre, mais plutôt quelque chose à célébrer. Avec l'aide d'Emma et de sa créativité débordante, elle avait découvert une nouvelle confiance en elle et une fierté de montrer qui elle était vraiment.

L'histoire de la tenue étincelante de Clara se répandit à travers l'école, inspirant d'autres enfants à embrasser leur propre style et à être fiers de qui ils étaient. Emma et Clara avaient non seulement créé une tenue magnifique, mais elles avaient également tissé des liens d'amitié indestructibles et semé les graines de la confiance en soi dans le cœur de Clara.

Pink and Proud

Once upon a time in Brussels, there was a lively little fashionista named Emma. Her sparkling pink hair and rainbow-colored clothes made her a girl with a unique and vibrant style. Emma loved expressing her personality through fashion, but one day, she encountered a friend named Clara who felt shy about doing the same.

Clara loved colorful clothes but hesitated to showcase her true style out of fear of others' judgment. Emma, full of understanding and empathy, noticed Clara's reluctance to express her personality through fashion. She decided to do something special to help her friend shine in all her glory.

One sunny afternoon, Emma invited Clara to her home. Emma explained to Clara that they were going to create an outfit that truly reflected her personality, something that would make her feel proud of herself. Clara, though initially shy, got caught up in Emma's contagious enthusiasm.

The two friends searched for sparkling fabrics and vibrant colors. Emma wanted the outfit to be as unique as Clara, reflecting her lively personality. They flipped through fashion magazines, cutting out images that would inspire their creation. Emma's improvised sewing workshop was ready to welcome their creativity.

The first step was to sketch the design of the outfit. Emma handed Clara a pale pink sketchbook and sparkling pencils. Together, they let their imaginations run wild, sketching ideas that would capture Clara's joyful energy and unique personality.

Once the design was finalized, Emma and Clara began cutting the fabrics and assembling the pieces of the outfit. Emma shared her sewing knowledge with Clara, teaching her the little secrets to make the outfit as perfect as possible. Clara got into the spirit and discovered that she really enjoyed creating something beautiful with her own hands.

As the days passed, the outfit took shape, and excitement grew between the two friends. Emma added touches of sparkling pink here and there, making sure every detail reflected Clara's vibrant personality. Laughter and lively discussions filled the workshop, creating a space where self-expression was encouraged and celebrated.

The day the outfit was finally finished, Clara couldn't contain her joy. She stood in front of the mirror, marveling at the creation she and Emma had made together. The outfit was an explosion of colors and glitter, a true reflection of Clara's radiant personality.

Clara realized that expressing her personality through fashion was not something to be feared but rather something to celebrate. With Emma's help and her overflowing creativity, she had discovered newfound confidence and pride in showing who she truly was.

The story of Clara's sparkling outfit spread throughout the school, inspiring other children to embrace their own style and be proud of who they were. Emma and Clara had not only created a beautiful outfit but had also forged unbreakable bonds of friendship and sown the seeds of self-confidence in Clara's heart.

Le Mystère de la Boutique Bruxelloise

Il était une fois à Bruxelles, une jeune fille curieuse du nom d'Emma, accompagnée de ses amis inséparables. Emma était une véritable fashionista avec ses cheveux roses étincelants et ses vêtements aux couleurs éclatantes. Un jour, alors qu'ils déambulaient dans les ruelles pavées de la ville, ils découvrirent une boutique mystérieuse, dissimulée derrière une façade discrète.

La boutique semblait être là depuis des siècles, mais personne ne l'avait jamais remarquée auparavant. Les amis d'Emma étaient intrigués, et une lueur d'excitation dans leurs yeux, ils décidèrent d'entrer et de voir ce que renfermait ce lieu mystique.

Dès qu'ils franchirent le seuil, un étrange sentiment de magie imprégna l'air. Les étagères étaient remplies de vêtements éblouissants, chacun semblant avoir sa propre histoire à raconter. Des robes qui semblaient danser d'elles-mêmes, des chemises qui chuchotaient des secrets, des chaussures qui brillaient comme des étoiles.

Emma et ses amis étaient ébahis, captivés par la magie qui émanait de chaque article. Ils décidèrent d'explorer davantage la boutique mystérieuse, se perdant parmi les étagères enchantées. C'est alors qu'ils découvrirent un vieux livre posé sur un présentoir en bois.

Le livre, intitulé "Les Histoires Enchantées de la Mode", révélait l'histoire fascinante de la boutique. Il racontait que chaque vêtement de la boutique était imprégné de magie, une magie qui pouvait changer la vie de celui qui le portait. Cependant, il y avait un avertissement : la magie ne fonctionnait que si la personne restait fidèle à elle-même.

Intrigués par cette révélation, Emma et ses amis décidèrent de choisir chacun un vêtement magique. Emma opta pour une robe étincelante aux nuances de l'aurore, tandis que ses amis choisirent des articles tout aussi magiques et uniques.

Une fois les vêtements enfilés, quelque chose d'extraordinaire se produisit. Les amis d'Emma ressentirent une énergie magique les envelopper, et soudain, ils se retrouvèrent transportés dans un lieu fantastique. Ils étaient entourés de fleurs lumineuses et d'arbres scintillants. Il s'agissait d'un monde féerique où la magie était la clé.

Cependant, au fur et à mesure qu'ils explorent ce monde enchanté, Emma et ses amis réalisèrent que certains d'entre eux commençaient à perdre leur éclat magique. Ils comprirent que cela était lié à des moments où ils n'étaient pas fidèles à eux-mêmes, où ils avaient agi contre leur nature véritable.

Le groupe se retrouva devant un dilemme. Devaient-ils continuer à explorer ce monde magique en risquant de perdre leur éclat, ou devaient-ils retourner à la réalité de Bruxelles, en gardant la magie qu'ils avaient découverte mais en restant fidèles à eux-mêmes ?

C'est alors qu'ils rencontrèrent une mystérieuse figure, une gardienne du monde enchanté. Elle leur expliqua que la véritable magie résidait dans l'authenticité et l'acceptation de soi. Les amis d'Emma comprirent qu'ils devaient apprendre à rester fidèles à eux-mêmes, même dans un monde aussi fantastique et magique.

Ils décidèrent de retourner à la boutique bruxelloise, ramenant avec eux les enseignements précieux de la gardienne. Une fois de retour, ils partagèrent ces leçons avec les autres habitants de Bruxelles, transformant la boutique mystérieuse en un lieu où chacun pouvait découvrir la magie de la véritable authenticité.

Emma et ses amis comprirent que la plus grande aventure résidait dans le fait d'être soi-même, peu importe le monde dans lequel on se trouve. Et dans les rues de Bruxelles, la boutique mystérieuse continua d'enseigner aux générations futures les leçons de la magie authentique et de l'acceptation de soi.

The Brussels Boutique Mystery

Once upon a time in Brussels, there was a curious young girl named Emma, accompanied by her inseparable friends. Emma was a true fashionista with her sparkling pink hair and vibrant rainbow-colored clothes. One day, as they strolled through the cobblestone streets of the city, they stumbled upon a mysterious boutique, hidden behind an unassuming facade.

The boutique seemed to have been there for centuries, but no one had ever noticed it before. Emma's friends were intrigued, and with a gleam of excitement in their eyes, they decided to enter and see what this mystical place held.

As soon as they crossed the threshold, a strange sense of magic filled the air. The shelves were filled with dazzling clothes, each seeming to have its own story to tell. Dresses that appeared to dance on their own, shirts that whispered secrets, and shoes that sparkled like stars.

Emma and her friends were astonished, captivated by the magic emanating from each item. They decided to explore further into the mysterious boutique, getting lost among the enchanted shelves. That's when they discovered an old book placed on a wooden display.

The book, titled "Enchanted Fashion Tales," unveiled the fascinating history of the boutique. It told the story that each garment in the boutique was imbued with magic, a magic that could change the life of whoever wore it. However, there was a warning: the magic worked only if the person remained true to themselves.

Intrigued by this revelation, Emma and her friends decided to each choose a magical garment. Emma opted for a sparkling dress with hues of dawn, while her friends chose equally magical and unique items.

Once the clothes were put on, something extraordinary happened. Emma's friends felt a magical energy enveloping them, and suddenly, they found themselves transported to a fantastical place. They were surrounded by luminous flowers and shimmering trees. It was a fairy-tale world where magic was the key.

However, as they explored this enchanted world, Emma and her friends realized that some of them started to lose their magical glow. They understood that this was connected to moments when they weren't true to themselves, when they acted against their true nature.

The group found themselves at a crossroads. Should they continue exploring this magical world, risking losing their glow, or should they return to the reality of Brussels, keeping the magic they had discovered but remaining true to themselves?

That's when they encountered a mysterious figure, a guardian of the enchanted world. She explained to them that true magic resided in authenticity and self-acceptance. Emma's friends understood that they needed to learn to stay true to themselves, even in such a fantastic and magical world.

They decided to return to the Brussels boutique, bringing with them the valuable teachings of the guardian. Once back, they shared these lessons with the other inhabitants of Brussels, transforming the mysterious boutique into a place where everyone could discover the magic of true authenticity.

Emma and her friends understood that the greatest adventure lay in being oneself, no matter the world one finds oneself in. And in the streets of Brussels, the mysterious boutique continued to teach future generations the lessons of authentic magic and self-acceptance.

La Gala Scintillante

Il était une fois, dans la ville étincelante de Bruxelles, une jeune fille pleine de créativité du nom d'Emma. Avec ses cheveux roses qui scintillaient comme des étoiles et ses vêtements aux couleurs vibrantes, Emma était une passionnée de mode qui aimait exprimer sa personnalité unique à travers ses créations.

Un jour, Emma reçut une invitation exceptionnelle : celle d'assister à un gala de mode prestigieux. C'était une occasion rare où les créateurs de mode les plus talentueux se réunissaient pour présenter leurs œuvres. Emma était à la fois excitée et honorée de recevoir une telle invitation.

Cependant, avec l'excitation vint aussi une grande question pour Emma. Devait-elle concevoir une tenue classique, en accord avec le style élégant du gala, ou devait-elle rester fidèle à sa nature éclatante et concevoir quelque chose qui refléterait vraiment sa personnalité vibrante?

Emma se retrouva face à un dilemme. D'un côté, il y avait la pression de s'adapter aux normes du gala, de créer quelque chose qui serait considéré comme classique et sophistiqué. De l'autre côté, il y avait son amour pour les couleurs audacieuses, les paillettes et les motifs uniques qui la caractérisaient.

Pendant plusieurs jours, Emma travailla sans relâche dans son atelier. Elle esquissa des croquis, sélectionna des tissus et expérimenta avec différentes idées. Elle créa deux ensembles de vêtements, l'un classique et l'autre vibrant, chacun reflétant une facette différente de sa créativité.

Le jour du gala arriva, et Emma se tenait devant son armoire, indécise. Devait-elle choisir le classique ou rester fidèle à son style audacieux ? Finalement, elle décida de suivre son cœur et de porter la tenue qui représentait le mieux qui elle était.

En arrivant au gala, Emma sentit un mélange d'excitation et de nervosité. Elle admirait les robes élégantes et les costumes sophistiqués des autres invités, mais elle restait convaincue que sa tenue unique avait sa place.

À mesure qu'elle se mêlait à la foule scintillante, Emma réalisa que son choix de rester fidèle à elle-même était la meilleure décision. Les gens commençaient à remarquer sa tenue vibrante et à la féliciter pour sa créativité audacieuse. Les regards curieux se transformèrent en compliments chaleureux.

Au cours de la soirée, quelque chose de magique se produisit. Les gens commençaient à danser autour d'Emma, attirés par la lumière étincelante de sa personnalité et de sa tenue. Sa créativité audacieuse avait créé un éclat qui illuminait le gala de mode.

Finalement, les organisateurs du gala s'approchèrent d'Emma, impressionnés par sa tenue unique et son énergie contagieuse. Ils lui offrirent la chance de présenter sa collection lors du prochain gala de mode. Emma était à la fois surprise et honorée. C'était une reconnaissance de sa créativité et de sa capacité à se démarquer dans un monde où la norme était souvent privilégiée.

À travers cette aventure au gala scintillant, Emma apprit une leçon précieuse. Elle comprit que rester fidèle à elle-même et suivre sa passion pour la créativité était la clé du succès. En embrassant sa propre singularité, elle avait non seulement captivé l'attention de la foule, mais elle avait également gagné l'opportunité de partager son talent avec un public plus large.

The Glittery Gala

Once upon a time, in the sparkling city of Brussels, there was a creative and lively young girl named Emma. With her pink hair that sparkled like stars and her vibrant, rainbow-colored clothes, Emma was a fashion enthusiast who loved expressing her unique personality through her creations.

One day, Emma received an exceptional invitation: to attend a prestigious fashion gala. It was a rare occasion where the most talented fashion designers gathered to showcase their works. Emma was both excited and honored to receive such an invitation.

However, with excitement also came a great question for Emma. Should she design a classic outfit, in line with the elegant style of the gala, or should she stay true to her vibrant nature and create something that truly reflected her lively personality?

Emma found herself facing a dilemma. On one side, there was the pressure to conform to the gala's standards, to create something that would be considered classic and sophisticated. On the other side, there was her love for bold colors, glitter, and unique patterns that defined her.

For several days, Emma worked tirelessly in her workshop. She sketched, selected fabrics, and experimented with different ideas. She created two sets of clothing, one classic and the other vibrant, each reflecting a different facet of her creativity.

The day of the gala arrived, and Emma stood in front of her wardrobe, undecided. Should she choose the classic or stay true to her bold style? Ultimately, she decided to follow her heart and wear the outfit that best represented who she was.

Arriving at the gala, Emma felt a mix of excitement and nervousness. She admired the elegant dresses and sophisticated suits of the other guests, but she remained convinced that her unique outfit had its place.

As she mingled with the glittering crowd, Emma realized that her choice to stay true to herself was the best decision. People began to notice her vibrant outfit and praised her for her bold creativity. Curious looks turned into warm compliments.

During the evening, something magical happened. People started to dance around Emma, drawn to the sparkling light of her personality and outfit. Her bold creativity had created a glow that illuminated the fashion gala.

Eventually, the organizers of the gala approached Emma, impressed by her unique outfit and contagious energy. They offered her the opportunity to showcase her collection at the next fashion gala. Emma was both surprised and honored. It was a recognition of her creativity and ability to stand out in a world where the norm was often favored.

Through this adventure at the glittery gala, Emma learned a valuable lesson. She understood that staying true to herself and following her passion for creativity was the key to success. By embracing her own uniqueness, she had not only captured the

attention of the crowd but also gained the opportunity to share
her talent with a broader audience.

Le Dilemme du Déguisement

Il était une fois, dans la ville étincelante de Bruxelles, une jeune fille créative et passionnée de mode du nom d'Emma. Avec ses cheveux roses éclatants et ses vêtements aux couleurs vives, Emma était connue pour sa capacité à apporter une touche de magie et de créativité à tout ce qu'elle entreprenait.

Un jour, l'école d'Emma annonça qu'ils allaient mettre en scène une pièce de théâtre, et tous les élèves étaient invités à participer. L'excitation se répandit rapidement parmi les étudiants, et bientôt, un groupe d'amis se rassembla pour former la troupe de théâtre de l'école.

Emma, avec son amour pour la mode et son talent pour la créativité, était rapidement devenue la personne de confiance lorsque des costumes étaient nécessaires. Ses amis s'approchèrent d'elle avec enthousiasme, lui demandant de concevoir les costumes pour la pièce.

Cependant, Emma se retrouva bientôt face à un dilemme. Les amis avaient une vision spécifique pour les costumes, en lien avec le thème de la pièce, qui était un conte de fées enchanté. Ils s'imaginaient des tenues classiques, aux teintes douces et aux designs traditionnels.

D'un autre côté, Emma était connue pour son amour des couleurs vibrantes, des paillettes et des motifs audacieux. Comment pourrait-elle concilier son style éclatant avec le thème classique de la pièce tout en veillant à ce que tout le monde se sente inclus ?

Elle passa des jours à esquisser des idées, à mélanger des tissus chatoyants et à expérimenter avec différentes palettes de couleurs. Elle voulait créer des costumes qui non seulement refléteraient le thème du conte de fées mais qui exprimeraient également la joie et l'enthousiasme qui la caractérisaient.

Finalement, elle présenta ses idées à ses amis. Elle avait créé une collection de costumes qui capturait l'esprit du conte de fées tout en injectant des éclats de couleurs et de magie. Cependant, elle sentait une certaine appréhension, se demandant si ses amis partageraient sa vision audacieuse.

À sa grande surprise, ses amis étaient ravis. Ils aimaient l'idée d'ajouter une touche de modernité et d'originalité aux costumes classiques. La pièce serait un mélange de tradition et de créativité, et tous les élèves se sentiraient spéciaux dans leurs costumes uniques.

Alors, le travail commença. Emma et ses amis se réunirent pour coudre, découper, et coller, donnant vie à la vision créative d'Emma pour les costumes de la pièce. Ils rirent, partagèrent des idées et se soutinrent mutuellement tout au long du processus.

Au fil des répétitions, les costumes d'Emma devinrent la vedette de la pièce. Les couleurs vives et les détails scintillants ajoutaient une dimension magique à l'ensemble de la production. Les spectateurs étaient émerveillés par la créativité débordante qui avait transformé une simple pièce de théâtre en un spectacle éclatant.

Pourtant, le vrai triomphe se produisit lorsque les acteurs portèrent les costumes sur scène. Chaque élève se sentait spécial et unique, embrassant sa propre personnalité à travers les costumes conçus par Emma. La pièce devint un succès, et la créativité d'Emma fut applaudie par toute l'école.

Le dilemme du déguisement avait été résolu avec succès, et Emma avait prouvé que la créativité et la tradition pouvaient coexister harmonieusement. Plus important encore, elle avait montré à ses amis et à elle-même qu'être fidèle à sa vision et à sa créativité était une force plutôt qu'une limitation.

La pièce de théâtre devint une expérience inoubliable pour tous les participants. Elle enseigna à Emma et à ses amis que la diversité de styles et de visions pouvait se combiner pour créer quelque chose de vraiment magique. Après tout, la créativité et l'inclusion étaient les éléments clés qui rendaient la vie aussi éclatante que les couleurs chatoyantes que portait Emma chaque jour.

Ainsi se termine l'histoire d'Emma et du dilemme du déguisement, une histoire de créativité, d'amitié et de la magie qui se produit lorsque l'on ose être vrai dans un monde qui célèbre la diversité.

The Dress-Up Dilemma

Once upon a time, in the sparkling city of Brussels, there was a creative and fashion-passionate young girl named Emma. With her sparkling pink hair and vibrant, rainbow-colored clothes, Emma was known for her ability to bring a touch of magic and creativity to everything she undertook.

One day, Emma's school announced that they would be staging a play, and all students were invited to participate. Excitement quickly spread among the students, and soon, a group of friends gathered to form the school's theater troupe.

Emma, with her love for fashion and her talent for creativity, quickly became the go-to person when costumes were needed. Her friends approached her with enthusiasm, asking her to design costumes for the play.

However, Emma soon found herself facing a dilemma. Her friends had a specific vision for the costumes, in line with the play's theme, which was an enchanted fairy tale. They envisioned classic outfits, in soft hues and traditional designs.

On the other hand, Emma was known for her love of vibrant colors, glitter, and bold patterns. How could she reconcile her vibrant style with the play's classic theme while ensuring that everyone felt included?

She spent days sketching ideas, mixing shimmering fabrics, and experimenting with different color palettes. She wanted to create costumes that not only reflected the fairy tale theme but also expressed the joy and enthusiasm that defined her.

Eventually, she presented her ideas to her friends. She had created a collection of costumes that captured the spirit of the fairy tale while injecting bursts of color and magic. However, she felt some apprehension, wondering if her friends would share her bold vision.

To her great surprise, her friends were thrilled. They loved the idea of adding a touch of modernity and originality to the classic costumes. The play would be a blend of tradition and creativity, and all the students would feel special in their unique costumes.

So, the work began. Emma and her friends gathered to sew, cut, and glue, bringing Emma's creative vision for the play's costumes to life. They laughed, shared ideas, and supported each other throughout the process.

As rehearsals progressed, Emma's costumes became the highlight of the play. The vibrant colors and sparkling details added a magical dimension to the entire production. Spectators were amazed by the overflowing creativity that had transformed a simple play into a dazzling spectacle.

Yet, the true triumph occurred when the actors wore the costumes on stage. Each student felt special and unique, embracing their own personality through the costumes designed by Emma. The play became a success, and Emma's creativity was applauded by the entire school.

The Dress-Up Dilemma had been successfully resolved, and Emma had proven that creativity and tradition could coexist harmoniously. More importantly, she had shown her friends and herself that staying true to one's vision and creativity was a strength rather than a limitation.

The play became an unforgettable experience for all participants. It taught Emma and her friends that the diversity of styles and visions could come together to create something truly magical. After all, creativity and inclusion were the key elements that made life as vibrant as the shimmering colors Emma wore every day.

Thus ends the story of Emma and the Dress-Up Dilemma, a tale of creativity, friendship, and the magic that happens when one dares to be true in a world that celebrates diversity.

La Mission Sauvetage Mode

Il était une fois à Bruxelles, une jeune fille audacieuse et pleine de créativité du nom d'Emma. Emma, avec ses cheveux roses éclatants et ses vêtements toujours vibrants, avait un amour particulier pour la mode et la créativité. Un jour, alors qu'elle se promenait dans les rues animées de la ville, elle fit une découverte qui allait changer sa vie.

Au coin d'une rue, entre deux bâtiments, Emma remarqua une petite boutique qui semblait être passée inaperçue. Elle s'approcha et découvrit un magasin de seconde main, rempli de vêtements oubliés, usés par le temps. Les étagères étaient remplies de trésors négligés, témoins du passage du temps et des tendances passées.

Le cœur d'Emma se remplit d'une détermination nouvelle. Elle ne pouvait supporter l'idée que ces vêtements, autrefois aimés, soient laissés de côté et oubliés. C'est alors qu'elle eut une idée audacieuse : organiser une journée de relooking de mode pour donner une seconde chance à ces trésors oubliés.

Elle rassembla ses amis, partageant avec eux son enthousiasme pour ce projet spécial. Ils décidèrent de faire de cette journée une mission de sauvetage de la mode, prêts à redonner vie à ces vêtements délaissés.

Le jour du sauvetage de la mode arriva, et Emma et ses amis se dirigèrent vers le magasin de seconde main avec des idées étincelantes et des cœurs remplis de créativité. Ils trièrent les vêtements avec soin, sélectionnant ceux qui pouvaient bénéficier d'une nouvelle vie à travers une transformation magique.

Chacun des amis d'Emma prit sous son aile un groupe de vêtements, prêt à relever le défi créatif qui les attendait. Emma, avec son expertise en matière de mode et son amour pour les couleurs vibrantes, dirigea l'opération avec énergie et passion.

Les ciseaux s'activaient, les aiguilles piquaient, et les idées fusèrent. Les amis d'Emma transformaient les vêtements usés en pièces uniques et originales. Les pulls démodés devenaient des cardigans à la mode, les pantalons trop longs se métamorphosaient en shorts branchés, et les robes délaissées retrouvaient une nouvelle jeunesse.

Au fur et à mesure que la journée avançait, le magasin de seconde main se transformait en un atelier de créativité et de renouveau. Les amis d'Emma riaient, partageaient des idées et célébraient chaque nouvelle création avec enthousiasme.

Emma, avec son énergie contagieuse, enseigna à ses amis l'importance de recycler et de donner une seconde vie aux objets. Elle expliqua comment la mode pouvait être non seulement une expression de soi mais aussi un moyen de réduire le gaspillage en donnant une nouvelle vie à des vêtements abandonnés.

La journée de relooking de mode ne se limita pas à la transformation des vêtements. Emma et ses amis organisèrent également un défilé de mode dans la rue, mettant en avant leurs créations réinventées. Les passants s'arrêtaient, émerveillés par la créativité débordante qui animait le trottoir.

Au fil de la journée, le message de la Mission Sauvetage Mode se répandit dans toute la ville. Les gens commencèrent à voir les vêtements de seconde main sous un nouveau jour, comprenant que la mode pouvait être durable, créative et amusante. Les boutiques de seconde main de la ville commencèrent à attirer l'attention, devenant des destinations à la mode pour ceux qui cherchaient des trésors uniques.

La mission de sauvetage de la mode d'Emma n'était pas seulement une réussite créative, mais aussi une leçon importante sur la beauté de l'upcycling et du recyclage. Les vêtements oubliés avaient retrouvé une place dans le cœur des gens, et la créativité d'Emma avait illuminé la ville de Bruxelles d'une lumière nouvelle.

Ainsi se termine l'histoire de la Mission Sauvetage Mode, une aventure de créativité, d'amitié et de transformation qui a montré à tous que chaque vêtement a une histoire à raconter et que la mode peut être une force positive pour la durabilité et la beauté unique. Et dans la ville de Bruxelles, les boutiques de seconde main continuèrent de briller comme des joyaux créatifs, rappelant à tous que la mode peut être aussi étincelante que l'imagination qui la façonne.

Fashion Rescue Mission

Once upon a time in Brussels, there was a bold and creative young girl named Emma. Emma, with her sparkling pink hair and always vibrant clothes, had a particular love for fashion and creativity. One day, as she walked through the lively streets of the city, she made a discovery that would change her life.

At the corner of a street, between two buildings, Emma noticed a small shop that seemed to have gone unnoticed. She approached and found a second-hand store, filled with forgotten, worn-out clothes. The shelves were filled with neglected treasures, witnesses to the passage of time and past trends.

Emma's heart filled with a newfound determination. She couldn't bear the thought of these once-loved clothes being left aside and forgotten. That's when she had a bold idea: to organize a fashion makeover day to give a second chance to these forgotten treasures.

She gathered her friends, sharing with them her enthusiasm for this special project. They decided to make this day a fashion rescue mission, ready to breathe new life into these abandoned clothes.

The day of the fashion rescue mission arrived, and Emma and her friends headed to the second-hand store with sparkling ideas and hearts filled with creativity. They carefully sorted through the clothes, selecting those that could benefit from a new life through a magical transformation.

Each of Emma's friends took under their wing a group of clothes, ready to take on the creative challenge that awaited them. Emma, with her expertise in fashion and her love for vibrant colors, led the operation with energy and passion.

Scissors were at work, needles were busy, and ideas flowed. Emma's friends transformed worn-out clothes into unique and original pieces. Outdated sweaters became fashionable cardigans, too-long pants morphed into trendy shorts, and abandoned dresses found a new lease on life.

As the day progressed, the second-hand store transformed into a workshop of creativity and renewal. Emma's friends laughed, shared ideas, and celebrated each new creation with enthusiasm.

Emma, with her contagious energy, taught her friends the importance of recycling and giving a second life to objects. She explained how fashion could not only be a self-expression but also a way to reduce waste by giving new life to abandoned clothes.

The fashion makeover day wasn't limited to the transformation of clothes. Emma and her friends also organized a street fashion show, showcasing their reinvented creations. Passersby stopped, amazed by the overflowing creativity that animated the sidewalk.

Throughout the day, the message of the Fashion Rescue Mission spread throughout the city. People began to see second-hand clothes in a new light, understanding that fashion could be sustainable, creative, and fun. The city's second-hand stores began to attract attention, becoming trendy destinations for those seeking unique treasures.

Emma's fashion rescue mission was not only a creative success but also an important lesson about the beauty of upcycling and recycling. Forgotten clothes had found a place in people's hearts, and Emma's creativity had illuminated the city of Brussels with a new light.

Thus ends the story of the Fashion Rescue Mission, an adventure of creativity, friendship, and transformation that showed everyone that each garment has a story to tell and that fashion can be a positive force for sustainability and unique beauty. And in the city of Brussels, second-hand shops continued to shine like creative jewels, reminding everyone that fashion can be as sparkling as the imagination that shapes it.

Les Jeux de la Mode d'Emma

Il était une fois, dans la magnifique ville de Bruxelles, une jeune fille pleine d'énergie et de créativité appelée Emma. Avec ses cheveux roses éclatants et son amour pour la mode, Emma était connue pour sa passion à faire briller chaque coin de sa vie. Un jour, elle eut une idée brillante qui allait non seulement révéler la magie de la mode, mais aussi célébrer la diversité de styles parmi ses amis.

Emma rassembla ses amis les plus proches, chacun avec son propre style unique, et leur proposa de participer aux tout premiers "Jeux de la Mode d'Emma". L'idée était simple : organiser une compétition de mode avec différents défis qui mettraient en valeur la créativité et le travail d'équipe de chacun.

Le jour des Jeux de la Mode arriva, et l'excitation était palpable. Les amis d'Emma se réunirent dans un lieu rempli de tissus chatoyants, de paillettes scintillantes et de machines à coudre prêtes à donner vie à leurs idées les plus folles. Emma, avec son enthousiasme contagieux, expliqua les règles du concours et présenta les différents défis qui les attendaient.

Le premier défi consistait à créer une tenue à partir de matériaux recyclés. Les amis d'Emma se plongèrent dans des montagnes de tissus, de vieux vêtements et d'accessoires oubliés. Avec des ciseaux et des aiguilles, ils donnèrent vie à des créations étonnantes, transformant des objets du quotidien en pièces uniques et originales.

Le deuxième défi était un défilé de mode improvisé. Chaque ami devait présenter sa création d'une manière unique et expressive. Emma elle-même ouvrit le bal, arborant une robe étincelante qu'elle avait conçue avec des étoffes aux couleurs vives. Les amis rivalisèrent d'originalité, défilant avec assurance et mettant en avant leurs créations avec fierté.

Le troisième défi était un défi de collaboration. Chaque ami devait échanger des idées et travailler ensemble pour créer une tenue qui représentait la fusion de leurs styles individuels. Au début, il y eut des hésitations, mais bientôt, ils découvrirent que la diversité de styles était une force plutôt qu'une difficulté. Les créations résultantes étaient des chefs-d'œuvre uniques, témoignant de l'harmonie de la diversité.

Le quatrième défi était une épreuve de couture chronométrée. Les amis d'Emma devaient concevoir une pièce en un temps limité, mettant à l'épreuve leur rapidité et leur habileté. Les machines à coudre bourdonnaient, les aiguilles filaient, et en un rien de temps, des tenues éblouissantes étaient créées sous la pression du chronomètre.

À la fin des épreuves, Emma et ses amis avaient créé un spectacle de mode éblouissant, une célébration de la créativité et de la diversité. Chacun avait contribué avec son style unique, et la salle était remplie d'applaudissements et de rires.

Cependant, le véritable enseignement des Jeux de la Mode d'Emma ne résidait pas seulement dans les créations éblouissantes, mais dans la découverte de l'importance de la diversité. Assis ensemble après la compétition, les amis d'Emma réalisèrent que leurs styles variés étaient ce qui rendait leur groupe véritablement spécial.

Emma expliqua que la mode n'était pas seulement une question de vêtements, mais aussi une expression de soi. Chacun pouvait apporter quelque chose d'unique, et la diversité enrichissait leur créativité collective. Ils comprirent que la magie de la mode résidait dans la possibilité de célébrer la singularité de chacun.

Pour clôturer les Jeux de la Mode, Emma et ses amis décidèrent d'organiser un défilé de mode dans toute la ville de Bruxelles. Les rues étaient remplies de couleurs éclatantes, de tissus chatoyants et de styles variés. Les habitants de la ville applaudirent, admirant la créativité et la diversité qui défilaient devant eux.

Dans la ville de Bruxelles, la mode n'était plus seulement une question de vêtements, mais une aventure joyeuse où chacun était libre d'exprimer sa personnalité. Emma et ses amis avaient créé un héritage de créativité et d'inclusion, montrant au monde que la diversité de styles était ce qui rendait chaque création encore plus belle.

Emma's Fashion Olympics

———

Once upon a time, in the magnificent city of Brussels, there was a young girl full of energy and creativity named Emma. With her radiant pink hair and her love for fashion, Emma was known for her passion to make every corner of her life shine. One day, she had a brilliant idea that would not only reveal the magic of fashion but also celebrate the diversity of styles among her friends.

Emma gathered her closest friends, each with their unique style, and proposed that they participate in the very first "Emma's Fashion Olympics." The idea was simple: to organize a fashion competition with different challenges that would showcase each one's creativity and teamwork.

The day of the Fashion Olympics arrived, and the excitement was palpable. Emma's friends gathered in a place filled with shimmering fabrics, sparkling sequins, and sewing machines ready to bring their wildest ideas to life. Emma, with her contagious enthusiasm, explained the rules of the competition and presented the various challenges that awaited them.

The first challenge was to create an outfit from recycled materials. Emma's friends delved into mountains of fabric, old clothes, and forgotten accessories. With scissors and needles, they brought amazing creations to life, transforming everyday objects into unique and original pieces.

The second challenge was an impromptu fashion show. Each friend had to present their creation in a unique and expressive way. Emma herself opened the show, donning a sparkling dress she had designed with vibrant-colored fabrics. Friends competed with originality, confidently parading and showcasing their creations with pride.

The third challenge was a collaboration test. Each friend had to exchange ideas and work together to create an outfit that represented the fusion of their individual styles. At first, there were hesitations, but soon, they discovered that the diversity of styles was a strength rather than a challenge. The resulting creations were unique masterpieces, showcasing the harmony of diversity.

The fourth challenge was a timed sewing test. Emma's friends had to design a piece within a limited time, testing their speed and skill. Sewing machines buzzed, needles flew, and in no time, dazzling outfits were created under the pressure of the timer.

At the end of the challenges, Emma and her friends had created a dazzling fashion show, a celebration of creativity and diversity. Each had contributed with their unique style, and the room was filled with applause and laughter.

However, the true lesson of Emma's Fashion Olympics was not only in the dazzling creations but in the discovery of the importance of diversity. Sitting together after the competition, Emma's friends realized that their varied styles were what made their group truly special.

Emma explained that fashion was not just about clothes but also a form of self-expression. Each could bring something unique, and diversity enriched their collective creativity. They understood that the magic of fashion lay in the ability to celebrate everyone's uniqueness.

To conclude Emma's Fashion Olympics, Emma and her friends decided to organize a fashion parade throughout the city of Brussels. The streets were filled with vibrant colors, shimmering fabrics, and various styles. The city's residents applauded, admiring the creativity and diversity parading before them.

In the city of Brussels, fashion was no longer just about clothes but a joyful adventure where everyone was free to express their personality. Emma and her friends had created a legacy of creativity and inclusion, showing the world that the diversity of styles made each creation even more beautiful.